Anwesenheitsbuch für Lehrer

Logbuchdetails:

Protokollstartdatum: ....

Logbuchnummer ....

Persönliche Daten

Name: ....

Adresse: ....

....

E-Mail-Addresse: ....

Handy Nummer: ....

Arbeitsadresse: ....

Anfangszeitraum: .... Endzeitraum: ....

Monat & Jahr:

Thema:

Abschnitt:

Zuordnungen:

Schülernamen:	Anmerkungen	Woche:					Woche				
	Tag	M	D	M	D	F	M	D	M	D	F
	Datum										
1.											
2.											
3.											
4.											
5.											
6.											
7.											
8.											
9.											
10.											
11.											
12.											
13.											
14.											
15.											
16.											
17.											
18.											
19.											
20.											
21.											
22.											
23.											
24.											
25.											
26.											
27.											
28.											
29.											
30.											
31.											
32.											
33.											
34.											
35.											
36.											
37.											

Anmerkungen

Anfangszeitraum: .... Endzeitraum: ....

Monat & Jahr:

Thema:

Abschnitt:

Zuordnungen:

Schülernamen:	Anmerkungen	Woche:					Woche				
	Tag / Datum	M	D	M	D	F	M	D	M	D	F
1.											
2.											
3.											
4.											
5.											
6.											
7.											
8.											
9.											
10.											
11.											
12.											
13.											
14.											
15.											
16.											
17.											
18.											
19.											
20.											
21.											
22.											
23.											
24.											
25.											
26.											
27.											
28.											
29.											
30.											
31.											
32.											
33.											
34.											
35.											
36.											
37.											

Anmerkungen

Anfangszeitraum: .... Endzeitraum: ....

Monat & Jahr:

Thema:

Abschnitt:

Zuordnungen:

		Woche:					Woche				
	Tag	M	D	M	D	F	M	D	M	D	F
Schülernamen:	Anmerkungen Datum										
1.											
2.											
3.											
4.											
5.											
6.											
7.											
8.											
9.											
10.											
11.											
12.											
13.											
14.											
15.											
16.											
17.											
18.											
19.											
20.											
21.											
22.											
23.											
24.											
25.											
26.											
27.											
28.											
29.											
30.											
31.											
32.											
33.											
34.											
35.											
36.											
37.											

Anmerkungen

Anfangszeitraum: .... Endzeitraum: ....

Monat & Jahr:

Thema:

Abschnitt:

Zuordnungen:

Schülernamen:	Anmerkungen	Woche:					Woche				
	Tag	M	D	M	D	F	M	D	M	D	F
	Datum										
1.											
2.											
3.											
4.											
5.											
6.											
7.											
8.											
9.											
10.											
11.											
12.											
13.											
14.											
15.											
16.											
17.											
18.											
19.											
20.											
21.											
22.											
23.											
24.											
25.											
26.											
27.											
28.											
29.											
30.											
31.											
32.											
33.											
34.											
35.											
36.											
37.											

Anmerkungen

Anfangszeitraum: .... Endzeitraum: ....

Monat & Jahr:

Thema:

Abschnitt:

Zuordnungen:

		Woche:					Woche				
	Tag	M	D	M	D	F	M	D	M	D	F
Schülernamen:	Anmerkungen Datum										
1.											
2.											
3.											
4.											
5.											
6.											
7.											
8.											
9.											
10.											
11.											
12.											
13.											
14.											
15.											
16.											
17.											
18.											
19.											
20.											
21.											
22.											
23.											
24.											
25.											
26.											
27.											
28.											
29.											
30.											
31.											
32.											
33.											
34.											
35.											
36.											
37											

Anmerkungen

Anfangszeitraum: .... Endzeitraum: ....

Monat & Jahr:

Thema:

Abschnitt:

Zuordnungen:

Woche:

Woche

Tag

Datum

Schülernamen:	Anmerkungen	M	D	M	D	F	M	D	M	D	F
1.											
2.											
3.											
4.											
5.											
6.											
7.											
8.											
9.											
10.											
11.											
12.											
13.											
14.											
15.											
16.											
17.											
18.											
19.											
20.											
21.											
22.											
23.											
24.											
25.											
26.											
27.											
28.											
29.											
30.											
31.											
32.											
33.											
34.											
35.											
36.											
37.											

Anmerkungen

Anfangszeitraum: .... Endzeitraum: ....

Monat & Jahr:		Zuordnungen:	Woche:					Woche				
Thema:												
Abschnitt:												
		Tag	M	D	M	D	F	M	D	M	D	F
Schülernamen:	Anmerkungen	Datum										
1.												
2.												
3.												
4.												
5.												
6.												
7.												
8.												
9.												
10.												
11.												
12.												
13.												
14.												
15.												
16.												
17.												
18.												
19.												
20.												
21.												
22.												
23.												
24.												
25.												
26.												
27.												
28.												
29.												
30.												
31.												
32.												
33.												
34.												
35.												
36.												
37.												

Anmerkungen

Anfangszeitraum: .... Endzeitraum: ....

Monat & Jahr:

Thema:

Abschnitt:

Zuordnungen:

Schülernamen:	Anmerkungen	Woche:					Woche				
	Tag	M	D	M	D	F	M	D	M	D	F
	Datum										
1.											
2.											
3.											
4.											
5.											
6.											
7.											
8.											
9.											
10.											
11.											
12.											
13.											
14.											
15.											
16.											
17.											
18.											
19.											
20.											
21.											
22.											
23.											
24.											
25.											
26.											
27.											
28.											
29.											
30.											
31.											
32.											
33.											
34.											
35.											
36.											
37.											

Anmerkungen

Anfangszeitraum: .... Endzeitraum: ....

Monat & Jahr:	Zuordnungen:	Woche:					Woche				
Thema:											
Abschnitt:											
	Tag	M	D	M	D	F	M	D	M	D	F
Schülernamen: / Anmerkungen	Datum										

Schülernamen:	Anmerkungen										
1.											
2.											
3.											
4.											
5.											
6.											
7.											
8.											
9.											
10.											
11.											
12.											
13.											
14.											
15.											
16.											
17.											
18.											
19.											
20.											
21.											
22.											
23.											
24.											
25.											
26.											
27.											
28.											
29.											
30.											
31.											
32.											
33.											
34.											
35.											
36.											
37											

Anmerkungen

Anfangszeitraum: .... Endzeitraum: ....

Monat & Jahr:	Zuordnungen:	Woche:					Woche				
Thema:											
Abschnitt:											
	Tag	M	D	M	D	F	M	D	M	D	F
Schülernamen:	Anmerkungen / Datum										
1.											
2.											
3.											
4.											
5.											
6.											
7.											
8.											
9.											
10.											
11.											
12.											
13.											
14.											
15.											
16.											
17.											
18.											
19.											
20.											
21.											
22.											
23.											
24.											
25.											
26.											
27.											
28.											
29.											
30.											
31.											
32.											
33.											
34.											
35.											
36.											
37.											

Anmerkungen

Anfangszeitraum: .... Endzeitraum: ....

Monat & Jahr:		Zuordnungen:	Woche:					Woche				
Thema:												
Abschnitt:												
		Tag	M	D	M	D	F	M	D	M	D	F
Schülernamen:	Anmerkungen	Datum										
1.												
2.												
3.												
4.												
5.												
6.												
7.												
8.												
9.												
10.												
11.												
12.												
13.												
14.												
15.												
16.												
17.												
18.												
19.												
20.												
21.												
22.												
23.												
24.												
25.												
26.												
27.												
28.												
29.												
30.												
31.												
32.												
33.												
34.												
35.												
36.												
37.												

Anmerkungen

Anfangszeitraum: .... Endzeitraum: ....

Monat & Jahr:		Zuordnungen:	Woche:					Woche				
Thema:												
Abschnitt:												
		Tag	M	D	M	D	F	M	D	M	D	F
Schülernamen:	Anmerkungen	Datum										
1.												
2.												
3.												
4.												
5.												
6.												
7.												
8.												
9.												
10.												
11.												
12.												
13.												
14.												
15.												
16.												
17.												
18.												
19.												
20.												
21.												
22.												
23.												
24.												
25.												
26.												
27.												
28.												
29.												
30.												
31.												
32.												
33.												
34.												
35.												
36.												
37.												

Anmerkungen

Anfangszeitraum: .... Endzeitraum: ....

Monat & Jahr:

Thema:

Abschnitt:

Zuordnungen:

Schülernamen:	Anmerkungen	Woche:					Woche				
	Tag ↷	M	D	M	D	F	M	D	M	D	F
	Datum ↷										
1.											
2.											
3.											
4.											
5.											
6.											
7.											
8.											
9.											
10.											
11.											
12.											
13.											
14.											
15.											
16.											
17.											
18.											
19.											
20.											
21.											
22.											
23.											
24.											
25.											
26.											
27.											
28.											
29.											
30.											
31.											
32.											
33.											
34.											
35.											
36.											
37.											

Anmerkungen

Anfangszeitraum: .... Endzeitraum: ....

Monat & Jahr:

Thema:

Abschnitt:

Zuordnungen:

Woche: | Woche

Tag ↷ Datum ↷

Schülernamen:	Anmerkungen	M	D	M	D	F	M	D	M	D	F
1.											
2.											
3.											
4.											
5.											
6.											
7.											
8.											
9.											
10.											
11.											
12.											
13.											
14.											
15.											
16.											
17.											
18.											
19.											
20.											
21.											
22.											
23.											
24.											
25.											
26.											
27.											
28.											
29.											
30.											
31.											
32.											
33.											
34.											
35.											
36.											
37.											

Anmerkungen

Anfangszeitraum: .... Endzeitraum: ....

Monat & Jahr:

Thema:

Abschnitt:

Zuordnungen:

			Woche:					Woche				
		Tag	M	D	M	D	F	M	D	M	D	F
Schülernamen:	Anmerkungen	Datum										
1.												
2.												
3.												
4.												
5.												
6.												
7.												
8.												
9.												
10.												
11.												
12.												
13.												
14.												
15.												
16.												
17.												
18.												
19.												
20.												
21.												
22.												
23.												
24.												
25.												
26.												
27.												
28.												
29.												
30.												
31.												
32.												
33.												
34.												
35.												
36.												
37.												

Anmerkungen

Anfangszeitraum: .... Endzeitraum: ....

Monat & Jahr:

Thema:

Abschnitt:

Zuordnungen:

		Woche:					Woche				
	Tag	M	D	M	D	F	M	D	M	D	F
Schülernamen:	Anmerkungen / Datum										
1.											
2.											
3.											
4.											
5.											
6.											
7.											
8.											
9.											
10.											
11.											
12.											
13.											
14.											
15.											
16.											
17.											
18.											
19.											
20.											
21.											
22.											
23.											
24.											
25.											
26.											
27.											
28.											
29.											
30.											
31.											
32.											
33.											
34.											
35.											
36.											
37.											

Anmerkungen

Anfangszeitraum: .... Endzeitraum: ....

Monat & Jahr:

Thema:

Abschnitt:

Zuordnungen:

		Woche:					Woche				
	Tag	M	D	M	D	F	M	D	M	D	F
Schülernamen:	Anmerkungen Datum										
1.											
2.											
3.											
4.											
5.											
6.											
7.											
8.											
9.											
10.											
11.											
12.											
13.											
14.											
15.											
16.											
17.											
18.											
19.											
20.											
21.											
22.											
23.											
24.											
25.											
26.											
27.											
28.											
29.											
30.											
31.											
32.											
33.											
34.											
35.											
36.											
37.											

Anmerkungen

Anfangszeitraum: .... Endzeitraum: ....

Monat & Jahr:

Thema:

Abschnitt:

Zuordnungen:

		Woche:					Woche				
	Tag	M	D	M	D	F	M	D	M	D	F
Schülernamen:	Anmerkungen Datum										
1.											
2.											
3.											
4.											
5.											
6.											
7.											
8.											
9.											
10.											
11.											
12.											
13.											
14.											
15.											
16.											
17.											
18.											
19.											
20.											
21.											
22.											
23.											
24.											
25.											
26.											
27.											
28.											
29.											
30.											
31.											
32.											
33.											
34.											
35.											
36.											
37.											

Anmerkungen

Anfangszeitraum: .... Endzeitraum: ....

Monat & Jahr:

Thema:

Abschnitt:

Zuordnungen:

		Woche:					Woche				
	Tag	M	D	M	D	F	M	D	M	D	F
Schülernamen:	Anmerkungen Datum										
1.											
2.											
3.											
4.											
5.											
6.											
7.											
8.											
9.											
10.											
11.											
12.											
13.											
14.											
15.											
16.											
17.											
18.											
19.											
20.											
21.											
22.											
23.											
24.											
25.											
26.											
27.											
28.											
29.											
30.											
31.											
32.											
33.											
34.											
35.											
36.											
37.											

Anmerkungen

Anfangszeitraum: .... Endzeitraum: ....

Monat & Jahr:

Thema:

Abschnitt:

Zuordnungen:

	Woche:					Woche				
Tag	M	D	M	D	F	M	D	M	D	F
Datum										

Schülernamen:	Anmerkungen	M	D	M	D	F	M	D	M	D	F
1.											
2.											
3.											
4.											
5.											
6.											
7.											
8.											
9.											
10.											
11.											
12.											
13.											
14.											
15.											
16.											
17.											
18.											
19.											
20.											
21.											
22.											
23.											
24.											
25.											
26.											
27.											
28.											
29.											
30.											
31.											
32.											
33.											
34.											
35.											
36.											
37.											

Anmerkungen

Anfangszeitraum: .... Endzeitraum: ....

Monat & Jahr:

Thema:

Abschnitt:

Zuordnungen:

			Woche:					Woche				
		Tag	M	D	M	D	F	M	D	M	D	F
Schülernamen:	Anmerkungen	Datum										
1.												
2.												
3.												
4.												
5.												
6.												
7.												
8.												
9.												
10.												
11.												
12.												
13.												
14.												
15.												
16.												
17.												
18.												
19.												
20.												
21.												
22.												
23.												
24.												
25.												
26.												
27.												
28.												
29.												
30.												
31.												
32.												
33.												
34.												
35.												
36.												
37												

Anmerkungen

Anfangszeitraum: .... Endzeitraum: ....

Monat & Jahr:

Thema:

Abschnitt:

Zuordnungen:

		Woche:					Woche:				
	Tag	M	D	M	D	F	M	D	M	D	F
Schülernamen:	Anmerkungen / Datum										
1.											
2.											
3.											
4.											
5.											
6.											
7.											
8.											
9.											
10.											
11.											
12.											
13.											
14.											
15.											
16.											
17.											
18.											
19.											
20.											
21.											
22.											
23.											
24.											
25.											
26.											
27.											
28.											
29.											
30.											
31.											
32.											
33.											
34.											
35.											
36.											
37.											

Anmerkungen

Anfangszeitraum: .... Endzeitraum: ....

Monat & Jahr:		Zuordnungen:	Woche:					Woche			
Thema:											
Abschnitt:											
		Tag	M	D	M	D	F	M	D	M	D	F
Schülernamen:	Anmerkungen	Datum										
1.												
2.												
3.												
4.												
5.												
6.												
7.												
8.												
9.												
10.												
11.												
12.												
13.												
14.												
15.												
16.												
17.												
18.												
19.												
20.												
21.												
22.												
23.												
24.												
25.												
26.												
27.												
28.												
29.												
30.												
31.												
32.												
33.												
34.												
35.												
36.												
37.												

Anmerkungen

Anfangszeitraum: .... Endzeitraum: ....

Monat & Jahr:

Thema:

Abschnitt:

Zuordnungen:

Woche: | Woche

		Tag / Datum	M	D	M	D	F	M	D	M	D	F
Schülernamen:	Anmerkungen											
1.												
2.												
3.												
4.												
5.												
6.												
7.												
8.												
9.												
10.												
11.												
12.												
13.												
14.												
15.												
16.												
17.												
18.												
19.												
20.												
21.												
22.												
23.												
24.												
25.												
26.												
27.												
28.												
29.												
30.												
31.												
32.												
33.												
34.												
35.												
36.												
37.												

Anmerkungen

Anfangszeitraum: .... Endzeitraum: ....

Monat & Jahr:

Thema:

Abschnitt:

Zuordnungen:

		Woche:					Woche				
	Tag	M	D	M	D	F	M	D	M	D	F
Schülernamen:	Anmerkungen / Datum										
1.											
2.											
3.											
4.											
5.											
6.											
7.											
8.											
9.											
10.											
11.											
12.											
13.											
14.											
15.											
16.											
17.											
18.											
19.											
20.											
21.											
22.											
23.											
24.											
25.											
26.											
27.											
28.											
29.											
30.											
31.											
32.											
33.											
34.											
35.											
36.											
37.											

Anmerkungen

Anfangszeitraum: .... Endzeitraum: ....

Monat & Jahr:

Thema:

Abschnitt:

Zuordnungen:

		Woche:					Woche				
	Tag	M	D	M	D	F	M	D	M	D	F
Schülernamen:	Anmerkungen Datum										
1.											
2.											
3.											
4.											
5.											
6.											
7.											
8.											
9.											
10.											
11.											
12.											
13.											
14.											
15.											
16.											
17.											
18.											
19.											
20.											
21.											
22.											
23.											
24.											
25.											
26.											
27.											
28.											
29.											
30.											
31.											
32.											
33.											
34.											
35.											
36.											
37.											

Anmerkungen

Anfangszeitraum: .... Endzeitraum: ....

Monat & Jahr:

Thema:

Abschnitt:

Zuordnungen:

Schülernamen:	Anmerkungen	Woche:					Woche				
	Tag	M	D	M	D	F	M	D	M	D	F
	Datum										
1.											
2.											
3.											
4.											
5.											
6.											
7.											
8.											
9.											
10.											
11.											
12.											
13.											
14.											
15.											
16.											
17.											
18.											
19.											
20.											
21.											
22.											
23.											
24.											
25.											
26.											
27.											
28.											
29.											
30.											
31.											
32.											
33.											
34.											
35.											
36.											
37.											

Anmerkungen

Anfangszeitraum: .... Endzeitraum: ....

Monat & Jahr:

Thema:

Abschnitt:

Zuordnungen:

		Woche:					Woche				
	Tag	M	D	M	D	F	M	D	M	D	F
Schülernamen:	Anmerkungen / Datum										
1.											
2.											
3.											
4.											
5.											
6.											
7.											
8.											
9.											
10.											
11.											
12.											
13.											
14.											
15.											
16.											
17.											
18.											
19.											
20.											
21.											
22.											
23.											
24.											
25.											
26.											
27.											
28.											
29.											
30.											
31.											
32.											
33.											
34.											
35.											
36.											
37.											

Anmerkungen

Anfangszeitraum: .... Endzeitraum: ....

Monat & Jahr:

Thema:

Abschnitt:

Zuordnungen:

		Woche:					Woche				
	Tag	M	D	M	D	F	M	D	M	D	F
Schülernamen:	Anmerkungen Datum										
1.											
2.											
3.											
4.											
5.											
6.											
7.											
8.											
9.											
10.											
11.											
12.											
13.											
14.											
15.											
16.											
17.											
18.											
19.											
20.											
21.											
22.											
23.											
24.											
25.											
26.											
27.											
28.											
29.											
30.											
31.											
32.											
33.											
34.											
35.											
36.											
37.											

Anmerkungen

Anfangszeitraum: .... Endzeitraum: ....

Monat & Jahr:

Thema:

Abschnitt:

Zuordnungen:

		Woche:					Woche				
	Tag ↷	M	D	M	D	F	M	D	M	D	F
Schülernamen:	Anmerkungen Datum ↷										
1.											
2.											
3.											
4.											
5.											
6.											
7.											
8.											
9.											
10.											
11.											
12.											
13.											
14.											
15.											
16.											
17.											
18.											
19.											
20.											
21.											
22.											
23.											
24.											
25.											
26.											
27.											
28.											
29.											
30.											
31.											
32.											
33.											
34.											
35.											
36.											
37.											

Anmerkungen

Anfangszeitraum: ....   Endzeitraum: ....

Monat & Jahr:

Thema:

Abschnitt:

Zuordnungen:

Schülernamen:	Anmerkungen	Woche:					Woche				
	Tag	M	D	M	D	F	M	D	M	D	F
	Datum										
1.											
2.											
3.											
4.											
5.											
6.											
7.											
8.											
9.											
10.											
11.											
12.											
13.											
14.											
15.											
16.											
17.											
18.											
19.											
20.											
21.											
22.											
23.											
24.											
25.											
26.											
27.											
28.											
29.											
30.											
31.											
32.											
33.											
34.											
35.											
36.											
37.											

Anmerkungen

Anfangszeitraum: .... Endzeitraum: ....

Monat & Jahr:

Thema:

Abschnitt:

Zuordnungen:

Woche:					Woche				

Tag

Datum

Schülernamen:	Anmerkungen	M	D	M	D	F	M	D	M	D	F
1.											
2.											
3.											
4.											
5.											
6.											
7.											
8.											
9.											
10.											
11.											
12.											
13.											
14.											
15.											
16.											
17.											
18.											
19.											
20.											
21.											
22.											
23.											
24.											
25.											
26.											
27.											
28.											
29.											
30.											
31.											
32.											
33.											
34.											
35.											
36.											
37.											

Anmerkungen

Anfangszeitraum: .... Endzeitraum: ....

Monat & Jahr:

Thema:

Abschnitt:

Zuordnungen:

		Woche:					Woche				
	Tag	M	D	M	D	F	M	D	M	D	F
Schülernamen:	Anmerkungen / Datum										
1.											
2.											
3.											
4.											
5.											
6.											
7.											
8.											
9.											
10.											
11.											
12.											
13.											
14.											
15.											
16.											
17.											
18.											
19.											
20.											
21.											
22.											
23.											
24.											
25.											
26.											
27.											
28.											
29.											
30.											
31.											
32.											
33.											
34.											
35.											
36.											
37											

Anmerkungen

Anfangszeitraum: .... Endzeitraum: ....

Monat & Jahr:

Thema:

Abschnitt:

Zuordnungen:

Schülernamen:	Anmerkungen		Woche:					Woche				
		Tag	M	D	M	D	F	M	D	M	D	F
		Datum										
1.												
2.												
3.												
4.												
5.												
6.												
7.												
8.												
9.												
10.												
11.												
12.												
13.												
14.												
15.												
16.												
17.												
18.												
19.												
20.												
21.												
22.												
23.												
24.												
25.												
26.												
27.												
28.												
29.												
30.												
31.												
32.												
33.												
34.												
35.												
36.												
37.												

Anmerkungen

Anfangszeitraum: .... Endzeitraum: ....

Monat & Jahr:

Thema:

Abschnitt:

Zuordnungen:

		Woche:					Woche				
	Tag	M	D	M	D	F	M	D	M	D	F
Schülernamen:	Anmerkungen Datum										
1.											
2											
3.											
4.											
5.											
6.											
7.											
8.											
9.											
10.											
11.											
12											
13.											
14.											
15.											
16.											
17.											
18.											
19.											
20.											
21											
22											
23.											
24.											
25.											
26.											
27.											
28.											
29.											
30.											
31.											
32											
33.											
34.											
35.											
36.											
37.											

Anmerkungen

Anfangszeitraum: .... Endzeitraum: ....

Monat & Jahr:

Thema:

Abschnitt:

Zuordnungen:

		Woche:					Woche				
	Tag	M	D	M	D	F	M	D	M	D	F
Schülernamen:	Anmerkungen Datum										
1.											
2.											
3.											
4.											
5.											
6.											
7.											
8.											
9.											
10.											
11.											
12.											
13.											
14.											
15.											
16.											
17.											
18.											
19.											
20.											
21.											
22.											
23.											
24.											
25.											
26.											
27.											
28.											
29.											
30.											
31.											
32.											
33.											
34.											
35.											
36.											
37.											

Anmerkungen

Anfangszeitraum: .... Endzeitraum: ....

Monat & Jahr:

Thema:

Abschnitt:

Zuordnungen:

		Woche:					Woche				
	Tag	M	D	M	D	F	M	D	M	D	F
Schülernamen:	Anmerkungen Datum										
1.											
2.											
3.											
4.											
5.											
6.											
7.											
8.											
9.											
10.											
11.											
12.											
13.											
14.											
15.											
16.											
17.											
18.											
19.											
20.											
21.											
22.											
23.											
24.											
25.											
26.											
27.											
28.											
29.											
30.											
31.											
32.											
33.											
34.											
35.											
36.											
37.											

Anmerkungen

Anfangszeitraum: .... Endzeitraum: ....

Monat & Jahr:

Thema:

Abschnitt:

Zuordnungen:

Schülernamen	Anmerkungen	Woche:					Woche				
	Tag	M	D	M	D	F	M	D	M	D	F
	Datum										
1.											
2.											
3.											
4.											
5.											
6.											
7.											
8.											
9.											
10.											
11.											
12.											
13.											
14.											
15.											
16.											
17.											
18.											
19.											
20.											
21.											
22.											
23.											
24.											
25.											
26.											
27.											
28.											
29.											
30.											
31.											
32.											
33.											
34.											
35.											
36.											
37.											

Anmerkungen

Anfangszeitraum: .... Endzeitraum: ....

Monat & Jahr:	Zuordnungen:	Woche:					Woche				
Thema:											
Abschnitt:											
	Tag	M	D	M	D	F	M	D	M	D	F
Schülernamen:	Anmerkungen Datum										
1.											
2.											
3.											
4.											
5.											
6.											
7.											
8.											
9.											
10.											
11.											
12.											
13.											
14.											
15.											
16.											
17.											
18.											
19.											
20.											
21.											
22.											
23.											
24.											
25.											
26.											
27.											
28.											
29.											
30.											
31.											
32.											
33.											
34.											
35.											
36.											
37.											

Anmerkungen

Anfangszeitraum: .... Endzeitraum: ....

Monat & Jahr:

Thema:

Abschnitt:

Zuordnungen:

		Woche:					Woche				
	Tag	M	D	M	D	F	M	D	M	D	F
Schülernamen:	Anmerkungen / Datum										
1.											
2.											
3.											
4.											
5.											
6.											
7.											
8.											
9.											
10.											
11.											
12.											
13.											
14.											
15.											
16.											
17.											
18.											
19.											
20.											
21.											
22.											
23.											
24.											
25.											
26.											
27.											
28.											
29.											
30.											
31.											
32.											
33.											
34.											
35.											
36.											
37.											

Anmerkungen

Anfangszeitraum: .... Endzeitraum: ....

Monat & Jahr:

Thema:

Abschnitt:

Zuordnungen:

Schülernamen:	Anmerkungen	Woche:					Woche				
	Tag	M	D	M	D	F	M	D	M	D	F
	Datum										
1.											
2.											
3.											
4.											
5.											
6.											
7.											
8.											
9.											
10.											
11.											
12.											
13.											
14.											
15.											
16.											
17.											
18.											
19.											
20.											
21.											
22.											
23.											
24.											
25.											
26.											
27.											
28.											
29.											
30.											
31.											
32.											
33.											
34.											
35.											
36.											
37											

Anmerkungen

Anfangszeitraum: .... Endzeitraum: ....

Monat & Jahr:

Thema:

Abschnitt:

Zuordnungen:

		Woche:					Woche				
	Tag	M	D	M	D	F	M	D	M	D	F
Schülernamen:	Anmerkungen Datum										
1.											
2.											
3.											
4.											
5.											
6.											
7.											
8.											
9.											
10.											
11.											
12.											
13.											
14.											
15.											
16.											
17.											
18.											
19.											
20.											
21.											
22.											
23.											
24.											
25.											
26.											
27.											
28.											
29.											
30.											
31.											
32.											
33.											
34.											
35.											
36.											
37.											

Anmerkungen

Anfangszeitraum: .... Endzeitraum: ....

Monat & Jahr:

Thema:

Abschnitt:

Zuordnungen:

		Woche:					Woche				
	Tag	M	D	M	D	F	M	D	M	D	F
Schülernamen:	Anmerkungen Datum										
1.											
2.											
3.											
4.											
5.											
6.											
7.											
8.											
9.											
10.											
11.											
12.											
13.											
14.											
15.											
16.											
17.											
18.											
19.											
20.											
21.											
22.											
23.											
24.											
25.											
26.											
27.											
28.											
29.											
30.											
31.											
32.											
33.											
34.											
35.											
36.											
37.											

Anmerkungen

Anfangszeitraum: .... Endzeitraum: ....

Monat & Jahr:

Thema:

Abschnitt:

Zuordnungen:

		Woche:					Woche				
	Tag ↷	M	D	M	D	F	M	D	M	D	F
Schülernamen:	Anmerkungen Datum ↷										
1.											
2.											
3.											
4.											
5.											
6.											
7.											
8.											
9.											
10.											
11.											
12.											
13.											
14.											
15.											
16.											
17.											
18.											
19.											
20.											
21.											
22.											
23.											
24.											
25.											
26.											
27.											
28.											
29.											
30.											
31.											
32.											
33.											
34.											
35.											
36.											
37.											

Anmerkungen

Anfangszeitraum: .... Endzeitraum: ....

Monat & Jahr:

Thema:

Abschnitt:

Zuordnungen: Woche: | Woche

Tag / Datum		M	D	M	D	F	M	D	M	D	F
Schülernamen:	Anmerkungen										
1.											
2.											
3.											
4.											
5.											
6.											
7.											
8.											
9.											
10.											
11.											
12.											
13.											
14.											
15.											
16.											
17.											
18.											
19.											
20.											
21.											
22.											
23.											
24.											
25.											
26.											
27.											
28.											
29.											
30.											
31.											
32.											
33.											
34.											
35.											
36.											
37											

Anmerkungen

Anfangszeitraum: .... Endzeitraum: ....

Monat & Jahr:

Thema:

Abschnitt:

Zuordnungen:

Schülernamen:	Anmerkungen	Woche:					Woche				
	Tag	M	D	M	D	F	M	D	M	D	F
	Datum										
1.											
2.											
3.											
4.											
5.											
6.											
7.											
8.											
9.											
10.											
11.											
12.											
13.											
14.											
15.											
16.											
17.											
18.											
19.											
20.											
21.											
22.											
23.											
24.											
25.											
26.											
27.											
28.											
29.											
30.											
31.											
32.											
33.											
34.											
35.											
36.											
37.											

Anmerkungen

Anfangszeitraum: .... Endzeitraum: ....

Monat & Jahr:

Thema:

Abschnitt:

Zuordnungen:

Schülernamen:	Anmerkungen	Woche:					Woche				
	Tag	M	D	M	D	F	M	D	M	D	F
	Datum										
1.											
2.											
3.											
4.											
5.											
6.											
7.											
8.											
9.											
10.											
11.											
12.											
13.											
14.											
15.											
16.											
17.											
18.											
19.											
20.											
21.											
22.											
23.											
24.											
25.											
26.											
27.											
28.											
29.											
30.											
31.											
32.											
33.											
34.											
35.											
36.											
37.											

Anmerkungen

Anfangszeitraum: .... Endzeitraum: ....

Monat & Jahr:

Thema:

Abschnitt:

Zuordnungen:

		Woche:					Woche				
	Tag / Datum	M	D	M	D	F	M	D	M	D	F
Schülernamen:	Anmerkungen										
1.											
2.											
3.											
4.											
5.											
6.											
7.											
8.											
9.											
10.											
11.											
12.											
13.											
14.											
15.											
16.											
17.											
18.											
19.											
20.											
21.											
22.											
23.											
24.											
25.											
26.											
27.											
28.											
29.											
30.											
31.											
32.											
33.											
34.											
35.											
36.											
37.											

Anmerkungen

Anfangszeitraum: .... Endzeitraum: ....

Monat & Jahr:

Thema:

Abschnitt:

Zuordnungen:

		Woche:					Woche				
	Tag ↷	M	D	M	D	F	M	D	M	D	F
Schülernamen:	Anmerkungen Datum ↷										
1.											
2.											
3.											
4.											
5.											
6.											
7.											
8.											
9.											
10.											
11.											
12.											
13.											
14.											
15.											
16.											
17.											
18.											
19.											
20.											
21.											
22.											
23.											
24.											
25.											
26.											
27.											
28.											
29.											
30.											
31.											
32.											
33.											
34.											
35.											
36.											
37.											

Anmerkungen

Anfangszeitraum: .... Endzeitraum: ....

Monat & Jahr:

Thema:

Abschnitt:

Zuordnungen:

		Woche:					Woche				
	Tag ↗	M	D	M	D	F	M	D	M	D	F
Schülernamen:	Anmerkungen Datum ↗										
1.											
2.											
3.											
4.											
5.											
6.											
7.											
8.											
9.											
10.											
11.											
12.											
13.											
14.											
15.											
16.											
17.											
18.											
19.											
20.											
21.											
22.											
23.											
24.											
25.											
26.											
27.											
28.											
29.											
30.											
31.											
32.											
33.											
34.											
35.											
36.											
37.											

Anmerkungen

Anfangszeitraum: .... Endzeitraum: ....

Monat & Jahr:

Thema:

Abschnitt:

Zuordnungen:

Schülernamen:	Anmerkungen	Woche:					Woche				
	Tag →	M	D	M	D	F	M	D	M	D	F
	Datum →										
1.											
2.											
3.											
4.											
5.											
6.											
7.											
8.											
9.											
10.											
11.											
12.											
13.											
14.											
15.											
16.											
17.											
18.											
19.											
20.											
21.											
22.											
23.											
24.											
25.											
26.											
27.											
28.											
29.											
30.											
31.											
32.											
33.											
34.											
35.											
36.											
37.											

Anmerkungen

Anfangszeitraum: .... Endzeitraum: ....

Monat & Jahr:

Thema:

Abschnitt:

Zuordnungen:

		Woche:					Woche				
	Tag ↗	M	D	M	D	F	M	D	M	D	F
Schülernamen:	Anmerkungen / Datum ↗										
1.											
2.											
3.											
4.											
5.											
6.											
7.											
8.											
9.											
10.											
11.											
12.											
13.											
14.											
15.											
16.											
17.											
18.											
19.											
20.											
21.											
22.											
23.											
24.											
25.											
26.											
27.											
28.											
29.											
30.											
31.											
32.											
33.											
34.											
35.											
36.											
37.											

Anmerkungen

Anfangszeitraum: .... Endzeitraum: ....

Monat & Jahr:

Thema:

Abschnitt:

Zuordnungen:

		Woche:					Woche				
	Tag ↷	M	D	M	D	F	M	D	M	D	F
	Datum ↷										
Schülernamen:	Anmerkungen										
1.											
2											
3.											
4.											
5.											
6.											
7.											
8.											
9.											
10.											
11.											
12											
13.											
14.											
15.											
16.											
17.											
18.											
19.											
20.											
21.											
22											
23.											
24.											
25.											
26.											
27.											
28.											
29.											
30.											
31.											
32											
33.											
34.											
35.											
36.											
37											

Anmerkungen

Anfangszeitraum: .... Endzeitraum: ....

Monat & Jahr:

Thema:

Abschnitt:

Zuordnungen:

		Woche:					Woche				
	Tag	M	D	M	D	F	M	D	M	D	F
Schülernamen:	Anmerkungen / Datum										
1.											
2.											
3.											
4.											
5.											
6.											
7.											
8.											
9.											
10.											
11.											
12.											
13.											
14.											
15.											
16.											
17.											
18.											
19.											
20.											
21.											
22.											
23.											
24.											
25.											
26.											
27.											
28.											
29.											
30.											
31.											
32.											
33.											
34.											
35.											
36.											
37.											

Anmerkungen

Anfangszeitraum: .... Endzeitraum: ....

Monat & Jahr:

Thema:

Abschnitt:

Zuordnungen:

		Woche:					Woche				
	Tag	M	D	M	D	F	M	D	M	D	F
Schülernamen:	Anmerkungen / Datum										
1.											
2.											
3.											
4.											
5.											
6.											
7.											
8.											
9.											
10.											
11.											
12.											
13.											
14.											
15.											
16.											
17.											
18.											
19.											
20.											
21.											
22.											
23.											
24.											
25.											
26.											
27.											
28.											
29.											
30.											
31.											
32.											
33.											
34.											
35.											
36.											
37.											

Anmerkungen

Anfangszeitraum: .... Endzeitraum: ....

Monat & Jahr:	Zuordnungen:	Woche:					Woche				
Thema:											
Abschnitt:											
	Tag ↗	M	D	M	D	F	M	D	M	D	F
	Datum ↗										

Schülernamen:	Anmerkungen										
1.											
2.											
3.											
4.											
5.											
6.											
7.											
8.											
9.											
10.											
11.											
12.											
13.											
14.											
15.											
16.											
17.											
18.											
19.											
20.											
21.											
22.											
23.											
24.											
25.											
26.											
27.											
28.											
29.											
30.											
31.											
32.											
33.											
34.											
35.											
36.											
37.											

Anmerkungen

Anfangszeitraum: .... Endzeitraum: ....

Monat & Jahr:

Thema:

Abschnitt:

Zuordnungen:

Schülernamen:	Anmerkungen	Tag / Datum	M	D	M	D	F	M	D	M	D	F
			Woche:					Woche				
1.												
2.												
3.												
4.												
5.												
6.												
7.												
8.												
9.												
10.												
11.												
12.												
13.												
14.												
15.												
16.												
17.												
18.												
19.												
20.												
21.												
22.												
23.												
24.												
25.												
26.												
27.												
28.												
29.												
30.												
31.												
32.												
33.												
34.												
35.												
36.												
37.												

Anmerkungen

Anfangszeitraum: .... Endzeitraum: ....

Monat & Jahr:

Thema:

Abschnitt:

Zuordnungen:

		Woche:					Woche				
	Tag	M	D	M	D	F	M	D	M	D	F
Schülernamen:	Anmerkungen Datum										
1.											
2.											
3.											
4.											
5.											
6.											
7.											
8.											
9.											
10.											
11.											
12.											
13.											
14.											
15.											
16.											
17.											
18.											
19.											
20.											
21.											
22.											
23.											
24.											
25.											
26.											
27.											
28.											
29.											
30.											
31.											
32.											
33.											
34.											
35.											
36.											
37.											

Anmerkungen

Anfangszeitraum: .... Endzeitraum: ....

Monat & Jahr:	Zuordnungen:	Woche:					Woche				
Thema:											
Abschnitt:											
	Tag	M	D	M	D	F	M	D	M	D	F

Schülernamen:	Anmerkungen	Datum									
1.											
2.											
3.											
4.											
5.											
6.											
7.											
8.											
9.											
10.											
11.											
12.											
13.											
14.											
15.											
16.											
17.											
18.											
19.											
20.											
21.											
22.											
23.											
24.											
25.											
26.											
27.											
28.											
29.											
30.											
31.											
32.											
33.											
34.											
35.											
36.											
37.											

Anmerkungen

Anfangszeitraum: .... Endzeitraum: ....

Monat & Jahr:

Thema:

Abschnitt:

Zuordnungen:

Schülernamen:	Anmerkungen	Woche:					Woche				
	Tag ↗	M	D	M	D	F	M	D	M	D	F
	Datum ↗										
1.											
2.											
3.											
4.											
5.											
6.											
7.											
8.											
9.											
10.											
11.											
12.											
13.											
14.											
15.											
16.											
17.											
18.											
19.											
20.											
21.											
22.											
23.											
24.											
25.											
26.											
27.											
28.											
29.											
30.											
31.											
32.											
33.											
34.											
35.											
36.											
37.											

Anmerkungen

Anfangszeitraum: .... Endzeitraum: ....

Monat & Jahr:	Zuordnungen:	Woche:					Woche				
Thema:											
Abschnitt:											
	Tag	M	D	M	D	F	M	D	M	D	F
Schülernamen: / Anmerkungen	Datum										

Schülernamen:	Anmerkungen	M	D	M	D	F	M	D	M	D	F
1.											
2.											
3.											
4.											
5.											
6.											
7.											
8.											
9.											
10.											
11.											
12.											
13.											
14.											
15.											
16.											
17.											
18.											
19.											
20.											
21.											
22.											
23.											
24.											
25.											
26.											
27.											
28.											
29.											
30.											
31.											
32.											
33.											
34.											
35.											
36.											
37.											

Anmerkungen

Anfangszeitraum: .... Endzeitraum: ....

Monat & Jahr:

Thema:

Abschnitt:

Zuordnungen:

		Woche:					Woche				
	Tag	M	D	M	D	F	M	D	M	D	F
Schülernamen:	Anmerkungen Datum										
1.											
2.											
3.											
4.											
5.											
6.											
7.											
8.											
9.											
10.											
11.											
12.											
13.											
14.											
15.											
16.											
17.											
18.											
19.											
20.											
21.											
22.											
23.											
24.											
25.											
26.											
27.											
28.											
29.											
30.											
31.											
32.											
33.											
34.											
35.											
36.											
37.											

Anmerkungen

Anfangszeitraum: .... Endzeitraum: ....

Monat & Jahr:

Thema:

Abschnitt:

Zuordnungen:

		Woche:					Woche				
	Tag	M	D	M	D	F	M	D	M	D	F
Schülernamen:	Anmerkungen / Datum										
1.											
2.											
3.											
4.											
5.											
6.											
7.											
8.											
9.											
10.											
11.											
12.											
13.											
14.											
15.											
16.											
17.											
18.											
19.											
20.											
21.											
22.											
23.											
24.											
25.											
26.											
27.											
28.											
29.											
30.											
31.											
32.											
33.											
34.											
35.											
36.											
37.											

Anmerkungen

Anfangszeitraum: .... Endzeitraum: ....

Monat & Jahr:

Thema:

Abschnitt:

Zuordnungen:

Woche:

Woche

Tag

Datum

Schülernamen:	Anmerkungen	M	D	M	D	F	M	D	M	D	F
1.											
2.											
3.											
4.											
5.											
6.											
7.											
8.											
9.											
10.											
11.											
12.											
13.											
14.											
15.											
16.											
17.											
18.											
19.											
20.											
21.											
22.											
23.											
24.											
25.											
26.											
27.											
28.											
29.											
30.											
31.											
32.											
33.											
34.											
35.											
36.											
37.											

Anmerkungen

Anfangszeitraum: .... Endzeitraum: ....

Monat & Jahr:

Thema:

Abschnitt:

Zuordnungen:

		Woche:					Woche				
	Tag	M	D	M	D	F	M	D	M	D	F
Schülernamen:	Anmerkungen Datum										
1.											
2.											
3.											
4.											
5.											
6.											
7.											
8.											
9.											
10.											
11.											
12.											
13.											
14.											
15.											
16.											
17.											
18.											
19.											
20.											
21.											
22.											
23.											
24.											
25.											
26.											
27.											
28.											
29.											
30.											
31.											
32.											
33.											
34.											
35.											
36.											
37.											

Anmerkungen

Anfangszeitraum: .... Endzeitraum: ....

Monat & Jahr:

Thema:

Abschnitt:

Zuordnungen:

Schülernamen:	Anmerkungen	Woche:					Woche				
	Tag	M	D	M	D	F	M	D	M	D	F
	Datum										
1.											
2.											
3.											
4.											
5.											
6.											
7.											
8.											
9.											
10.											
11.											
12.											
13.											
14.											
15.											
16.											
17.											
18.											
19.											
20.											
21.											
22.											
23.											
24.											
25.											
26.											
27.											
28.											
29.											
30.											
31.											
32.											
33.											
34.											
35.											
36.											
37.											

Anmerkungen

Anfangszeitraum: .... Endzeitraum: ....

Monat & Jahr:

Thema:

Abschnitt:

Zuordnungen:

		Woche:					Woche				
	Tag	M	D	M	D	F	M	D	M	D	F
Schülernamen:	Anmerkungen Datum										
1.											
2.											
3.											
4.											
5.											
6.											
7.											
8.											
9.											
10.											
11.											
12.											
13.											
14.											
15.											
16.											
17.											
18.											
19.											
20.											
21.											
22.											
23.											
24.											
25.											
26.											
27.											
28.											
29.											
30.											
31.											
32.											
33.											
34.											
35.											
36.											
37.											

Anmerkungen

Anfangszeitraum: .... Endzeitraum: ....

Monat & Jahr:	Zuordnungen:	Woche:					Woche				
Thema:											
Abschnitt:											
	Tag	M	D	M	D	F	M	D	M	D	F
Schülernamen:	Anmerkungen Datum										
1.											
2.											
3.											
4.											
5.											
6.											
7.											
8.											
9.											
10.											
11.											
12.											
13.											
14.											
15.											
16.											
17.											
18.											
19.											
20.											
21.											
22.											
23.											
24.											
25.											
26.											
27.											
28.											
29.											
30.											
31.											
32.											
33.											
34.											
35.											
36.											
37.											

Anmerkungen

Anfangszeitraum: .... Endzeitraum: ....

Monat & Jahr:

Thema:

Abschnitt:

Zuordnungen:

		Woche:					Woche				
	Tag	M	D	M	D	F	M	D	M	D	F
Schülernamen:	Anmerkungen Datum										
1.											
2.											
3.											
4.											
5.											
6.											
7.											
8.											
9.											
10.											
11.											
12.											
13.											
14.											
15.											
16.											
17.											
18.											
19.											
20.											
21.											
22.											
23.											
24.											
25.											
26.											
27.											
28.											
29.											
30.											
31.											
32.											
33.											
34.											
35.											
36.											
37.											

Anmerkungen

Anfangszeitraum: .... Endzeitraum: ....

Monat & Jahr:

Thema:

Abschnitt:

Zuordnungen:

		Woche:					Woche				
	Tag	M	D	M	D	F	M	D	M	D	F
Schülernamen:	Anmerkungen / Datum										
1.											
2.											
3.											
4.											
5.											
6.											
7.											
8.											
9.											
10.											
11.											
12.											
13.											
14.											
15.											
16.											
17.											
18.											
19.											
20.											
21.											
22.											
23.											
24.											
25.											
26.											
27.											
28.											
29.											
30.											
31.											
32.											
33.											
34.											
35.											
36.											
37.											

Anmerkungen

Anfangszeitraum: .... Endzeitraum: ....

Monat & Jahr:

Thema:

Abschnitt:

Zuordnungen:											
		Woche:					Woche				
	Tag	M	D	M	D	F	M	D	M	D	F
Schülernamen:	Anmerkungen Datum										
1.											
2.											
3.											
4.											
5.											
6.											
7.											
8.											
9.											
10.											
11.											
12.											
13.											
14.											
15.											
16.											
17.											
18.											
19.											
20.											
21.											
22.											
23.											
24.											
25.											
26.											
27.											
28.											
29.											
30.											
31.											
32.											
33.											
34.											
35.											
36.											
37.											

Anmerkungen

Anfangszeitraum: .... Endzeitraum: ....

Monat & Jahr:

Thema:

Abschnitt:

Zuordnungen:

Woche: | Woche

Schülernamen:	Anmerkungen	Tag / Datum	M	D	M	D	F	M	D	M	D	F
1.												
2.												
3.												
4.												
5.												
6.												
7.												
8.												
9.												
10.												
11.												
12.												
13.												
14.												
15.												
16.												
17.												
18.												
19.												
20.												
21.												
22.												
23.												
24.												
25.												
26.												
27.												
28.												
29.												
30.												
31.												
32.												
33.												
34.												
35.												
36.												
37.												

Anmerkungen

Anfangszeitraum: .... Endzeitraum: ....

Monat & Jahr:

Thema:

Abschnitt:

Zuordnungen:

		Woche:					Woche				
	Tag	M	D	M	D	F	M	D	M	D	F
Schülernamen:	Anmerkungen Datum										
1.											
2.											
3.											
4.											
5.											
6.											
7.											
8.											
9.											
10.											
11.											
12.											
13.											
14.											
15.											
16.											
17.											
18.											
19.											
20.											
21.											
22.											
23.											
24.											
25.											
26.											
27.											
28.											
29.											
30.											
31.											
32.											
33.											
34.											
35.											
36.											
37.											

Anmerkungen

Anfangszeitraum: .... Endzeitraum: ....

Monat & Jahr:

Thema:

Abschnitt:

Zuordnungen:

		Woche:					Woche				
	Tag ↗	M	D	M	D	F	M	D	M	D	F
Schülernamen:	Anmerkungen Datum ↗										
1.											
2.											
3.											
4.											
5.											
6.											
7.											
8.											
9.											
10.											
11.											
12.											
13.											
14.											
15.											
16.											
17.											
18.											
19.											
20.											
21.											
22.											
23.											
24.											
25.											
26.											
27.											
28.											
29.											
30.											
31.											
32.											
33.											
34.											
35.											
36.											
37.											

Anmerkungen

Anfangszeitraum: .... Endzeitraum: ....

Monat & Jahr:

Thema:

Abschnitt:

Zuordnungen:

		Woche:					Woche				
	Tag ↷	M	D	M	D	F	M	D	M	D	F
Schülernamen:	Anmerkungen Datum ↷										
1.											
2.											
3.											
4.											
5.											
6.											
7.											
8.											
9.											
10.											
11.											
12.											
13.											
14.											
15.											
16.											
17.											
18.											
19.											
20.											
21.											
22.											
23.											
24.											
25.											
26.											
27.											
28.											
29.											
30.											
31.											
32.											
33.											
34.											
35.											
36.											
37.											

Anmerkungen

Anfangszeitraum: .... Endzeitraum: ....

Monat & Jahr:

Thema:

Abschnitt:

Zuordnungen:

Tag

Datum

Schülernamen:	Anmerkungen	Woche: M	D	M	D	F	Woche M	D	M	D	F
1.											
2.											
3.											
4.											
5.											
6.											
7.											
8.											
9.											
10.											
11.											
12.											
13.											
14.											
15.											
16.											
17.											
18.											
19.											
20.											
21.											
22.											
23.											
24.											
25.											
26.											
27.											
28.											
29.											
30.											
31.											
32.											
33.											
34.											
35.											
36.											
37.											

Anmerkungen

Anfangszeitraum: .... Endzeitraum: ....

Monat & Jahr:

Thema:

Abschnitt:

Zuordnungen:

Schülernamen:	Anmerkungen	Woche:					Woche				
	Tag	M	D	M	D	F	M	D	M	D	F
	Datum										
1.											
2.											
3.											
4.											
5.											
6.											
7.											
8.											
9.											
10.											
11.											
12.											
13.											
14.											
15.											
16.											
17.											
18.											
19.											
20.											
21.											
22.											
23.											
24.											
25.											
26.											
27.											
28.											
29.											
30.											
31.											
32.											
33.											
34.											
35.											
36.											
37.											

Anmerkungen

Anfangszeitraum: .... Endzeitraum: ....

Monat & Jahr:

Thema:

Abschnitt:

Zuordnungen:

			Woche:					Woche				
		Tag	M	D	M	D	F	M	D	M	D	F
Schülernamen:	Anmerkungen	Datum										
1.												
2.												
3.												
4.												
5.												
6.												
7.												
8.												
9.												
10.												
11.												
12.												
13.												
14.												
15.												
16.												
17.												
18.												
19.												
20.												
21.												
22.												
23.												
24.												
25.												
26.												
27.												
28.												
29.												
30.												
31.												
32.												
33.												
34.												
35.												
36.												
37.												

Anmerkungen

Anfangszeitraum: .... Endzeitraum: ....

Monat & Jahr:

Thema:

Abschnitt:

Zuordnungen:

		Woche:					Woche				
	Tag	M	D	M	D	F	M	D	M	D	F
Schülernamen:	Anmerkungen Datum										
1.											
2.											
3.											
4.											
5.											
6.											
7.											
8.											
9.											
10.											
11.											
12.											
13.											
14.											
15.											
16.											
17.											
18.											
19.											
20.											
21.											
22.											
23.											
24.											
25.											
26.											
27.											
28.											
29.											
30.											
31.											
32.											
33.											
34.											
35.											
36.											
37.											

Anmerkungen

Anfangszeitraum: .... Endzeitraum: ....

Monat & Jahr:

Thema:

Abschnitt:

Zuordnungen:

		Woche:					Woche				
	Tag	M	D	M	D	F	M	D	M	D	F
Schülernamen:	Anmerkungen / Datum										
1.											
2.											
3.											
4.											
5.											
6.											
7.											
8.											
9.											
10.											
11.											
12.											
13.											
14.											
15.											
16.											
17.											
18.											
19.											
20.											
21.											
22.											
23.											
24.											
25.											
26.											
27.											
28.											
29.											
30.											
31.											
32.											
33.											
34.											
35.											
36.											
37.											

Anmerkungen

Anfangszeitraum: .... Endzeitraum: ....

Monat & Jahr:

Thema:

Abschnitt:

Zuordnungen:

Schülernamen:	Anmerkungen	Woche:					Woche				
	Tag	M	D	M	D	F	M	D	M	D	F
	Datum										
1.											
2.											
3.											
4.											
5.											
6.											
7.											
8.											
9.											
10.											
11.											
12.											
13.											
14.											
15.											
16.											
17.											
18.											
19.											
20.											
21.											
22.											
23.											
24.											
25.											
26.											
27.											
28.											
29.											
30.											
31.											
32											
33.											
34.											
35.											
36.											
37.											

Anmerkungen

Anfangszeitraum: .... Endzeitraum: ....

Monat & Jahr:

Thema:

Abschnitt:

Zuordnungen:

		Woche:					Woche				
	Tag	M	D	M	D	F	M	D	M	D	F
Schülernamen:	Anmerkungen Datum										
1.											
2.											
3.											
4.											
5.											
6.											
7.											
8.											
9.											
10.											
11.											
12.											
13.											
14.											
15.											
16.											
17.											
18.											
19.											
20.											
21.											
22.											
23.											
24.											
25.											
26.											
27.											
28.											
29.											
30.											
31.											
32.											
33.											
34.											
35.											
36.											
37.											

Anmerkungen

Anfangszeitraum: .... Endzeitraum: ....

Monat & Jahr:

Thema:

Abschnitt:

Zuordnungen:

Woche:					Woche				

Tag → | M | D | M | D | F | M | D | M | D | F

Datum →

Schülernamen:	Anmerkungen	M	D	M	D	F	M	D	M	D	F
1.											
2											
3.											
4.											
5.											
6.											
7.											
8.											
9.											
10.											
11.											
12											
13.											
14.											
15.											
16.											
17.											
18.											
19.											
20.											
21.											
22											
23.											
24.											
25.											
26.											
27.											
28.											
29.											
30.											
31.											
32											
33.											
34.											
35.											
36.											
37.											

Anmerkungen

Anfangszeitraum: .... Endzeitraum: ....

Monat & Jahr:	Zuordnungen:	Woche:					Woche				
Thema:											
Abschnitt:											
	Tag	M	D	M	D	F	M	D	M	D	F

Schülernamen:	Anmerkungen	Datum										
1.												
2.												
3.												
4.												
5.												
6.												
7.												
8.												
9.												
10.												
11.												
12.												
13.												
14.												
15.												
16.												
17.												
18.												
19.												
20.												
21.												
22.												
23.												
24.												
25.												
26.												
27.												
28.												
29.												
30.												
31.												
32.												
33.												
34.												
35.												
36.												
37.												

Anmerkungen

Anfangszeitraum: .... Endzeitraum: ....

Monat & Jahr:

Thema:

Abschnitt:

Zuordnungen:

		Woche:					Woche				
	Tag	M	D	M	D	F	M	D	M	D	F
Schülernamen:	Anmerkungen Datum										
1.											
2.											
3.											
4.											
5.											
6.											
7.											
8.											
9.											
10.											
11.											
12.											
13.											
14.											
15.											
16.											
17.											
18.											
19.											
20.											
21.											
22.											
23.											
24.											
25.											
26.											
27.											
28.											
29.											
30.											
31.											
32.											
33.											
34.											
35.											
36.											
37.											

Anmerkungen

Anfangszeitraum: .... Endzeitraum: ....

Monat & Jahr:

Thema:

Abschnitt:

Zuordnungen:

		Woche:					Woche				
	Tag	M	D	M	D	F	M	D	M	D	F
Schülernamen:	Anmerkungen Datum										
1.											
2.											
3.											
4.											
5.											
6.											
7.											
8.											
9.											
10.											
11.											
12.											
13.											
14.											
15.											
16.											
17.											
18.											
19.											
20.											
21.											
22.											
23.											
24.											
25.											
26.											
27.											
28.											
29.											
30.											
31.											
32.											
33.											
34.											
35.											
36.											
37.											

Anmerkungen

Anfangszeitraum: .... Endzeitraum: ....

Monat & Jahr:

Thema:

Abschnitt:

Zuordnungen:

		Woche:					Woche				
	Tag	M	D	M	D	F	M	D	M	D	F
Schülernamen:	Anmerkungen Datum										
1.											
2.											
3.											
4.											
5.											
6.											
7.											
8.											
9.											
10.											
11.											
12.											
13.											
14.											
15.											
16.											
17.											
18.											
19.											
20.											
21.											
22.											
23.											
24.											
25.											
26.											
27.											
28.											
29.											
30.											
31.											
32.											
33.											
34.											
35.											
36.											
37.											

Anmerkungen

Anfangszeitraum: .... Endzeitraum: ....

Monat & Jahr:

Thema:

Abschnitt:

Zuordnungen:

		Woche:					Woche				
	Tag	M	D	M	D	F	M	D	M	D	F
Schülernamen:	Anmerkungen / Datum										
1.											
2.											
3.											
4.											
5.											
6.											
7.											
8.											
9.											
10.											
11.											
12.											
13.											
14.											
15.											
16.											
17.											
18.											
19.											
20.											
21.											
22.											
23.											
24.											
25.											
26.											
27.											
28.											
29.											
30.											
31.											
32.											
33.											
34.											
35.											
36.											
37.											

Anmerkungen

Anfangszeitraum: .... Endzeitraum: ....

Monat & Jahr:		Zuordnungen:	Woche:					Woche			
Thema:											
Abschnitt:											
		Tag	M	D	M	D	F	M	D	M	D	F
Schülernamen:	Anmerkungen	Datum										
1.											
2.											
3.											
4.											
5.											
6.											
7.											
8.											
9.											
10.											
11.											
12.											
13.											
14.											
15.											
16.											
17.											
18.											
19.											
20.											
21.											
22.											
23.											
24.											
25.											
26.											
27.											
28.											
29.											
30.											
31.											
32.											
33.											
34.											
35.											
36.											
37.											

Anmerkungen

Anfangszeitraum: .... Endzeitraum: ....

Monat & Jahr:

Thema:

Abschnitt:

Zuordnungen:

		Woche:					Woche				
	Tag	M	D	M	D	F	M	D	M	D	F
Schülernamen:	Anmerkungen Datum										
1.											
2.											
3.											
4.											
5.											
6.											
7.											
8.											
9.											
10.											
11.											
12.											
13.											
14.											
15.											
16.											
17.											
18.											
19.											
20.											
21.											
22.											
23.											
24.											
25.											
26.											
27.											
28.											
29.											
30.											
31.											
32.											
33.											
34.											
35.											
36.											
37.											

Anmerkungen

Anfangszeitraum: .... Endzeitraum: ....

Monat & Jahr:

Thema:

Abschnitt:

Zuordnungen:

		Woche:					Woche				
	Tag	M	D	M	D	F	M	D	M	D	F
Schülernamen:	Anmerkungen Datum										
1.											
2.											
3.											
4.											
5.											
6.											
7.											
8.											
9.											
10.											
11.											
12.											
13.											
14.											
15.											
16.											
17.											
18.											
19.											
20.											
21.											
22.											
23.											
24.											
25.											
26.											
27.											
28.											
29.											
30.											
31.											
32.											
33.											
34.											
35.											
36.											
37.											

Anmerkungen

Anfangszeitraum: .... Endzeitraum: ....

Monat & Jahr:

Thema:

Abschnitt:

Zuordnungen:

Schülernamen:	Anmerkungen		Woche:					Woche				
		Tag	M	D	M	D	F	M	D	M	D	F
		Datum										
1.												
2.												
3.												
4.												
5.												
6.												
7.												
8.												
9.												
10.												
11.												
12.												
13.												
14.												
15.												
16.												
17.												
18.												
19.												
20.												
21.												
22.												
23.												
24.												
25.												
26.												
27.												
28.												
29.												
30.												
31.												
32.												
33.												
34.												
35.												
36.												
37.												

Anmerkungen

Anfangszeitraum: .... Endzeitraum: ....

Monat & Jahr:

Thema:

Abschnitt:

Zuordnungen:

Woche: | Woche

		Tag	M	D	M	D	F	M	D	M	D	F
Schülernamen:	Anmerkungen	Datum										
1.												
2.												
3.												
4.												
5.												
6.												
7.												
8.												
9.												
10.												
11.												
12.												
13.												
14.												
15.												
16.												
17.												
18.												
19.												
20.												
21.												
22.												
23.												
24.												
25.												
26.												
27.												
28.												
29.												
30.												
31.												
32.												
33.												
34.												
35.												
36.												
37.												

Anmerkungen

Anfangszeitraum: .... Endzeitraum: ....

Monat & Jahr:

Thema:

Abschnitt:

Zuordnungen:

		Woche:					Woche				
	Tag	M	D	M	D	F	M	D	M	D	F
	Datum										
Schülernamen:	Anmerkungen										
1.											
2.											
3.											
4.											
5.											
6.											
7.											
8.											
9.											
10.											
11.											
12.											
13.											
14.											
15.											
16.											
17.											
18.											
19.											
20.											
21.											
22.											
23.											
24.											
25.											
26.											
27.											
28.											
29.											
30.											
31.											
32.											
33.											
34.											
35.											
36.											
37.											

Anmerkungen

www.ingramcontent.com/pod-product-compliance
Lightning Source LLC
Chambersburg PA
CBHW081122080526
44587CB00021B/3708
* 9 7 8 1 8 0 3 8 4 6 9 7 2 *

www.ingramcontent.com/pod-product-compliance
Lightning Source LLC
Chambersburg PA
CBHW081122080526
44587CB00021B/3708
* 9 7 8 1 8 0 3 8 4 6 9 7 2 *